समकालीन उर्दू शायरी में बशीर बद्र एक ऐसे जगमगाते हुए नक्षत्र का नाम है, जिसने ग़ज़ल को आत्मसात् करके उसे एक नयी दीप्ति और आभा प्रदान की है।

उजाले अपनी यादों के हमारे साथ रहने दो
न जाने किस गली में ज़िन्दगी की शाम हो जाए

जैसे अनेक कालजयी शे'रों के रचयिता बशीर बद्र अपनी निजी शैली और ज़बान की सादगी के कारण हिन्दी जगत में भी बेहद लोकप्रिय और सम्मानित हैं

बशीर बद्र की ग़ज़लों का अनूठा संकलन

# उजालों की परियाँ

## बशीर बद्र की ग़ज़लें

सम्पादक

**सुरेश कुमार**

डायमंड बुक्स

प्रकाशक  :  डायमंड पॉकेट बुक्स ( प्रा. ) लि.
X-30 ओखला इंडस्ट्रियल एरिया, फेज-II
नई दिल्ली-110020
फोन      :  011-40712200
ई-मेल    :  sales@dpb.in
वेबसाइट  :  www.diamondbook.in

---

UJALON KI PARIYAN
BASHEER BADR KI GHAZALEN
EDITED BY - SURESH KUMAR

# प्राक्कथन

समकालीन उर्दू शायरी में बशीर बद्र एक ऐसे जगमगाते हुए नक्षत्र का नाम है, जिसने ग़ज़ल को आत्मसात करके उसे एक नयी दीप्ति और आभा प्रदान की है।

**उजाले अपनी यादों के हमारे साथ रहने दो**
**न जाने किस गली में ज़िन्दगी की शाम हो जाए**

जैसे अनेक कालजयी शे'रों के रचयिता बशीर बद्र अपनी निजी शैली और ज़बान की सादगी के कारण हिन्दी जगत में भी बेहद लोकप्रिय और सम्मानित हैं।

प्रेम जैसे शाश्वत विषय को अपनी ग़ज़लों का केन्द्रीय कथ्य बनाने वाले बशीर बद्र ऐसा नहीं कि अपने समय की सामाजिक, राजनीतिक गतिविधियों के प्रति जागरुक न हों। सामाजिक विसंगतियों ने उन्हें जब-जब आहत किया है, तब-तब उन्होंने प्रेम से इतर अनुभूतियों को भी अपने शे'रों में ढाला है और उसे काव्यात्मकता प्रदान की है—

**लोग टूट जाते हैं एक घर बनाने में**
**तुम तरस नहीं खाते बस्तियाँ जलाने में**

जिस सामाजिक, राजनीतिक चेतना की अपेक्षा एक कलाकार से की जाती है, उसे बशीर बद्र बेशक पूरा न करते हों लेकिन स्वार्थ और घृणा की आँधियों के वातावरण में प्रेम और मोहब्बत के जिन चिरागों को वे प्रज्जवलित किये हुए हैं, वह कोई आसान काम नहीं है। उनके जलाये हुए शे'रों के चिराग़ लोगों की अँधेरी राहों में रोशनी किये हुए हैं, और ऐसे बहुत से लोग हैं, जो नहीं जानते कि ये चिराग़ बशीर बद्र के जलाये हुए हैं। ये ख्याति की चरमसीमा है कि कोई बशीर बद्र ही से पूछे—उजाले अपनी यादों के... ये शे'र किसका है, जवाब नहीं। आप भी कभी ऐसा शे'र कहिए।

अगर किसी को दस शे'र याद हैं, तो यकीन मानिए कि उनमें से कम से कम पाँच शे'र बशीर बद्र के होंगे। ऐसी जनप्रियता सदियों में कभी-कभी किसी-किसी को ही नसीब होती है।

बशीर बद्र अपने समकालीनों में शायद किसी से अपनी प्रतिद्वंद्विता नहीं

मानते। उनका सीधा मुक़ाबला मीर और ग़ालिब से होता है। उनका कहना है कि शे'र में एक शब्द भी अगर मुश्किल हो तो शे'र दो कौड़ी का। इस संकलन के सम्बंध में मेरी जब उनसे फोन पर बात हुई तो बोले—आप बेदर्दी से मेरे उन शे'रों को काट दीजिए, जिनमें एक शब्द भी मुश्किल हो। अपने पहले संग्रह 'इकाई' की अधिकांश ग़ज़लों को वे ख़ारिज करते हैं। हिन्दी कवि भवानी प्रसाद मिश्र ने कभी लिखा था—**जिस तरह हम बोलते हैं उस तरह तू लिख, और उसके बाद भी हमसे बड़ा तू दिख।** मुझे नहीं पता हिन्दी में कितने लोगों ने उनकी बात सुनी, लेकिन बशीर बद्र शायद शुरू से ही इस बात का ध्यान रखते आये हैं। इसीलिए उनके शे'र जनसाधारण की ज़बान पर चढ़े हुए हैं।

बशीर बद्र से पहली बार मैं मेरठ में उन दिनों के उनके शास्त्री नगर स्थित आवास पर दिसम्बर 1981 में मिला था। उनसे बात करना जैसे साक्षात ग़ज़ल से बात करना है। अदब चाहिए। उन्होंने तब एक ताज़ा शे'र सुनाया था—

**किसी की राह में चौखट पे दिये मत रक्खो**

**किवाड़ सूखी हुई लकड़ियों के होते हैं**

बाद में उन्होंने पहली पंक्ति को 'किसी की राह में दहलीज़ पर दिये न रखो' करके छपवाया। इस संकलन में वही बदला हुआ रूप है।  उनके पाँच उर्दू संग्रहों इकाई, इमेज, आमद, आसमान और आस से इस संकलन की ग़ज़लों का चयन किया गया है। यद्यपि हिन्दी में उनके अनेक संकलन आ चुके हैं। समग्र भी छप चुका है। फिर भी इस संकलन की अपनी विशिष्टताएँ हैं। जिसे पाठक स्वयं अनुभव करेंगे।

<br>

107, ज्वालापुरी, जी०टी० रोड  
अलीगढ़-202001

**सुरेश कुमार**

# अनुक्रम

कोई फूल धूप की पत्तियों में
हरे रिबन से बंधा हुआ
वो ग़ज़ल का लहजा नया-नया
न कहा हुआ न सुना हुआ

( 1 )

न जी भर के देखा, न कुछ बात की
बड़ी आरज़ू थी मुलाक़ात की

**उजालों की परियाँ नहाने लगीं**
**नदी गुनगुनायी ख़यालात की**

मैं चुप था तो चलती हवा रुक गई
ज़बाँ सब समझते हैं जज़्बात की

मुक़द्दर मिरी चशम-ए-पुरआब[1] का,
बरसती हुई रात बरसात की

कई साल से कुछ ख़बर ही नहीं,
कहाँ दिन गुज़ारा, कहाँ रात की

1. आँसुओं से भरी आँख

(2)

सर    झुकाओगे    तो पत्थर    देवता हो जायेगा
इतना मत चाहो उसे    वो    बेवफ़ा हो जायेगा


हम  भी  दरिया  हैं,  हमें  अपना  हुनर  मालूम  है
जिस तरफ भी   चल पड़ेंगे,  रास्ता   हो जायेगा


कितनी सच्चाई से मुझसे ज़िन्दगी ने कह दिया
तू  नहीं   मेरा   तो कोई    दूसरा   हो जायेगा


मैं खुदा का    नाम लेकर   पी रहा हूँ दोस्तो
ज़हर भी   इसमें   अगर होगा, दवा हो जायेगा


सब उसी के हैं हवा, खुशबू, ज़मीन-ओ-आसमाँ
मैं जहाँ  भी जाऊँगा, उसको पता हो जायेगा

(3)

मुझसे बिछुड़ के खुश रहते हो
मेरी तरह तुम भी झूठे हो

उजले-उजले फूल खिले थे
बिलकुल जैसे तुम हँसते हो

मुझको शाम बता देती है
तुम कैसे कपड़े पहने हो

दिल का हाल पढ़ा चेहरे से
साहिल से लहरें गिनते हो

तुम तनहा दुनिया से लड़ोगे
बच्चों-सी बातें करते हो

(4)

लोग टूट जाते हैं एक घर बनाने में
तुम तरस नहीं खाते बस्तियाँ जलाने में

और जाम टूटेंगे इस शराबख़ाने में
मौसमों के आने में मौसमों के जाने में

हर धड़कते पत्थर को लोग दिल समझते हैं
उम्र बीत जाती है दिल को दिल बनाने में

फ़ाख़्ता की मजबूरी ये भी कह नहीं सकती
कौन साँप रखता है उसके आशियाने में

दूसरी कोई लड़की ज़िन्दगी में आयेगी
कितनी देर लगती है उसको भूल जाने में

( 5 )

आँखों में रहा दिल में न उतरकर नहीं देखा,
कश्ती के मुसाफ़िर ने समन्दर नहीं देखा

बेवक़्त अगर जाऊँगा, सब चौंक पड़ेंगे
इक उम्र हुई दिन में कभी घर नहीं देखा

जिस दिन से चला हूँ मेरी मंज़िल पे नज़र है
आँखों ने कभी मील का पत्थर नहीं देखा

ये फूल मुझे कोई विरासत में मिले हैं,
तुमने मेरा काँटों-भरा बिस्तर नहीं देखा

पत्थर मुझे कहता है मेरा चाहने वाला
मैं मोम हूँ उसने मुझे छूकर नहीं देखा

(6)

जहाँ पेड़ पर चार दाने लगे,
हज़ारों तरफ से निशाने लगे

हुई शाम, यादों के इक गाँव से,
परिन्दे उदासी के आने लगे

घड़ी-दो घड़ी मुझको पलकों पे रख,
यहाँ आते-आते ज़माने लगे

कभी बस्तियाँ दिल की यूँ भी बसीं,
दुकानें खुली, कारख़ाने लगे

वहीं ज़र्द पत्तों का क़ालीन है,
गुलों के जहाँ शामियाने लगे

पढ़ाई-लिखाई का मौसम कहाँ,
किताबों में ख़त आने-जाने लगे

हर जनम में उसी की चाहत थे
हम किसी और की अमानत थे

उसकी आँखों में झिलमिलाती हुई,
हम ग़ज़ल की कोई अलामत[1] थे

तेरी चादर में तन समेट लिया,
हम कहाँ के दराज़क़ामत[2] थे

जैसे जंगल में आग लग जाये,
हम कभी इतने ख़ूबसूरत थे

पास रहकर भी दूर-दूर रहे,
हम नये दौर की मोहब्बत थे

इस ख़ुशी में मुझे ख़याल आया,
ग़म के दिन कितने ख़ूबसूरत थे

दिन में इन जुगनुओं से क्या लेना,
ये दिये रात की ज़रूरत थे

1. चिह्न, लक्षण   2. दीर्घकाय

(8)

वो चाँदनी का बदन खुशबुओं का साया है,
बहुत    अज़ीज़ हमें है,    मगर    पराया है

उतर भी आओ कभी आसमाँ के ज़ीनों से,
तुम्हें    खुदा ने    हमारे लिए    बनाया    है।

उसे किसी की मोहब्बत का एतबार नहीं,
उसे ज़माने ने    शायद    बहुत    सताया है

महक रही है ज़मीं चाँदनी के फूलों से,
खुदा किसी की मोहब्बत पे    मुस्कराया है

कहाँ से आयी ये खुशबू, ये घर की खुशबू है,
इस अजनबी के अँधेरे में कौन आया है

तमाम उम्र मिरा    दम    इसी धुएँ में घुटा
वो इक    चिराग़ था    मैंने    उसे बुझाया है

## (9)

यूँ ही बेसबब न फिरा करो, कोई शाम घर भी रहा करो,
वो ग़ज़ल की सच्ची किताब है, उसे चुपके-चुपके पढ़ा करो

कोई हाथ भी न मिलायेगा, जो गले मिलोगे तपाक से,
ये नये मिज़ाज का शहर है, ज़रा फ़ासले से मिला करो

अभी राह में कई मोड़ हैं, कोई आयेगा कोई जायेगा,
तुम्हें जिसने दिल से भुला दिया उसे भूलने की दुआ करो

मुझे इश्तिहार-सी लगती हैं, ये मोहब्बतों की कहानियाँ,
जो कहा नहीं वो सुना करो, जो सुना नहीं वो कहा करो

ये ख़िज़ाँ[1] की ज़र्द[2]-सी शाल में, जो उदास पेड़ के पास है,
ये तुम्हारे घर की बहार है, इसे आँसुओं से हरा करो

1. पतझड़   2. पीली

(10)

मोहब्बतों में दिखावे की दोस्ती न मिला,
अगर गले नहीं मिलता, तो हाथ भी न मिला

घरों पे नाम थे, नामों के साथ ओहदे थे,
बहुत तलाश किया, कोई आदमी न मिला

तमाम रिश्तों को मैं, घर में छोड़ आया था,
फिर इसके बाद मुझे कोई अजनबी न मिला

खुदा की   इतनी बड़ी   कायनात¹ में मैंने,
बस एक शख़्स को माँगा, मुझे वही न मिला

बहुत अजीब है ये  कुर्बतों² की  दूरी भी,
वो मेरे साथ रहा और मुझे कभी न मिला

---

1. ब्रह्माण्ड, संसार   2. समीपताओं

(11)

सोचा नहीं अच्छा-बुरा, देखा-सुना कुछ भी नहीं
माँगा खुदा से रात-दिन, तेरे सिवा कुछ भी नहीं

सोचा तुझे, देखा तुझे, चाहा तुझे, पूजा तुझे
मेरी वफ़ा मेरी ख़ता, तेरी ख़ता कुछ भी नहीं

जिस पर हमारी आँख ने मोती बिछाये रात भर,
भेजा वही काग़ज़ उसे, हमने लिखा कुछ भी नहीं

इक शाम की दहलीज़ पर बैठे रहे वो देर तक,
आँखों से की बातें बहुत, मुँह से कहा कुछ भी नहीं

दो-चार दिन की बात है, दिल ख़ाक में सो जायेगा
जब आग पर काग़ज़ रखा, बाक़ी बचा कुछ भी नहीं

एहसास की खुशबू कहाँ, आवाज़ के जुगनू कहाँ,
ख़ामोश यादों के सिवा, घर में रहा कुछ भी नहीं

(12)

कभी यूँ भी आ मिरी आँख में, कि मिरी नज़र को ख़बर न हो,
मुझे एक रात नवाज़[1] दे,    मगर    उसके बाद सहर[2] न हो

वो बड़ा रहीम-ओ-करीम[3] है, मुझे ये सिफ़त[4] भी अता[5] करे,
तुझे भूलने की दुआ करूँ, तो मिरी दुआ में    असर न हो

मिरे बाजुओं में थकी-थकी, अभी महव-ए-ख़्वाब[6] है चाँदनी,
न उठे सितारों की पालकी, अभी आहटों का गुज़र न हो

ये ग़ज़ल कि जैसे हिरन की आँखों में, पिछली रात की चाँदनी,
न बुझे ख़राबे[7] की रोशनी, कभी बेचिराग़ ये घर में न हो

कभी दिन की धूप में झूम के, कभी शब[8] के फूल को चूम के,
यूँ ही साथ-साथ चलें सदा, कभी ख़त्म अपना सफ़र न हो

मिरे पास मेरे हबीब[9] आ ज़रा    और    दिल से क़रीब आ,
तुझे धड़कनों में बसा लूँ मैं कि बिछड़ने का कोई डर न हो


1. कृपा करना  2. प्रातः काल  3. दयालु और कृपालु  4. गुण, प्रभाव
5. प्रदान करना  6. स्वप्न देखने में रत  7. निर्जन, खँडहर  8. रात्रि  9. मित्र

( 13 )

रात इक ख़्वाब हमने देखा है
फूल की पंखुड़ी को चूमा है

दिल की बस्ती पुरानी दिल्ली है,
जो भी गुज़रा है, उसने लूटा है

हम तो कुछ देर हँस भी लेते हैं,
दिल हमेशा उदास रहता है

कोई मतलब ज़रूर होगा मियाँ,
यूँ कोई कब किसी से मिलता है

तुम अगर मिल भी जाओ तो भी हमें,
हश्र तक इन्तिज़ार करना है

पैसा, हाथों का मैल है बाबा,
ज़िन्दगी चार दिन का मेला है

1. महाप्रलय

(14)

सौ खुलूस[1] बातों में   सब करम[2]   ख़यालों में
बस ज़रा वफ़ा कम है   तेरे शह्र वालों में

पहली बार   नज़रों ने   चाँद   बोलते देखा
हम जवाब क्या देते   खो गये   सवालों में

रात तेरी यादों ने दिल को इस तरह छेड़ा
जैसे कोई   चुटकी ले   नर्म–नर्म   गालों में

यूँ किसी की आँखों में सुब्ह तक अभी थे हम
जिस तरह रहे शबनम फूल के पियालों में

मेरी   आँख के   तारे अब न देख पाओगे
रात के मुसाफ़िर थे   खो गये   उजालों में

---

1. निष्कपटता   2. दया, कृपा

## (15)

दिल छलक उट्ठा, आँख भर आयी,
आज टी०वी० पे वो ख़बर आयी


इन मसाइल[1] में तेरी याद भी क्या,
जैसे तितली पहाड़ पर आयी


अपनी माँ की तरह उदास-उदास,
बेटी शादी के बाद घर आयी


अब तो मैं भी नज़र नहीं आता,
या खुदा कौन-सी डगर आयी


तुमने जो कुछ किया शराफ़त में,
वो निदामत[2] भी मेरे सर आई

1. समस्याओं   2. पश्चाताप

(16)

अब    किसे चाहें,    किसे    ढूँढ़ा करें,
वो भी आख़िर मिल गया अब क्या करें

हल्की-हल्की    बारिशें    होती    रहें,
हम भी    फूलों की    तरह भीगा करें

आँख    मूँदे    इस    गुलाबी    धूप में,
देर  तक  बैठे  उसे  सोचा  करें

दिल, मोहब्बत, दीन, दुनिया, शायरी,
हर  दरीचे  से  तुझे  देखा  करें

घर    नया,    बर्तन नये,    कपड़े नये,
इन  पुराने  काग़ज़ों का    क्या करें

$$(17)$$

किसे ख़बर थी तुझे इस तरह सजाऊँगा,
ज़माना देखेगा, और मैं न देख पाऊँगा

हयात-ओ-मौत[1], फ़िराक़-ओ-विसाल[2] सब यकजा[3]
मैं एक रात में कितने दिये जलाऊँगा

पला, बढ़ा हूँ अभी तक, इन्हीं अँधेरों में,
मैं तेज़ धूप में कैसे नज़र मिलाऊँगा

मिरे मिज़ाज की ये मादराना[4] फ़ितरत[5] है,
सवेरे सारी अज़ीयत[6], मैं भूल जाऊँगा

तुम एक पेड़ से वाबस्ता हो, मगर मैं तो,
हवा के साथ बहुत दूर-दूर जाऊँगा

---

1. जीवन और मृत्यु  2. वियोग और मिलन  3. एक जगह  4. माता जैसी
5. प्रकृति  6. कष्ट, यातना

(18)

आँसुओं से धुली खुशी की तरह,
रिश्ते होते हैं   शायरी की तरह

जब कभी बादलों में घिरता है,
चाँद लगता है आदमी की तरह

किसी रोज़न¹ किसी दरीचे से,
सामने आओ रोशनी की तरह

सब नज़र का   फ़रेब है वरना,
कोई होता नहीं किसी की तरह

खूबसूरत,   उदास,   ख़ौफ़ज़दा,
वो भी है, बीसवीं सदी की तरह

जानता हूँ कि एक दिन मुझको,
वक़्त बदलेगा   डायरी की तरह

1. सूराख, रोशनदान

सुनो, पानी में ये किसकी सदा है
कोई दरिया की तह में रो रहा है

सवेरे मेरी इन आँखों ने देखा,
खुदा चारों तरफ़ बिखरा हुआ है

समेटो और सीने में छुपा लो,
ये सन्नाटा बहुत फैला हुआ है

पके गेहूँ की खुशबू चीख़ती है,
बदन अपना सुनहरा हो चला है

हक़ीक़त सुर्ख़ मछली जानती है,
समन्दर कैसा बूढ़ा देवता है

हमारी शाख़ का नौ-खेज़[1] पत्ता,
हवा के होंठ अक्सर चूमता है

मुझे उन नीली आँखों ने बताया,
तुम्हारा नाम पानी पर लिखा है

1. नवांकुरित

(20)

सर से चादर, बदन से कबा ले गयी
जिन्दगी हम फ़क़ीरों से क्या ले गयी

मेरी मुट्ठी में सूखे हुए फूल हैं,
खुशबुओं को उड़ाकर हवा ले गयी

मैं समन्दर के सीने में चट्टान था,
रात इक मौज आई, बहा ले गयी

चाँद ने रात मुझको जगाकर कहा,
एक लड़की तुम्हारा पता ले गयी

मेरी शोहरत सियासत से महफ़ूज़ है,
ये तवायफ भी अस्मत[1] बचा ले गयी

1. सतीत्व

शबनम हूँ सुर्ख़ फूल पे बिखरा हुआ हूँ मैं
दिल मोम और धूप में बैठा हुआ हूँ मैं

कुछ देर बाद राख मिलेगी तुम्हें यहाँ,
लौ बनके इस चिराग़ से लिपटा हुआ हूँ मैं

दो सख़्त ख़ुश्क रोटियाँ कब से लिये हुए,
पानी के इन्तज़ार में बैठा हुआ हूँ मैं

लादी उठा के घाट पे जाने लगे हिरन,
कैसे अजीब दौर में पैदा हुआ हूँ मैं

नस-नस में फैल जाऊँगा बीमार रात की,
पलकों पे आज शाम से सिमटा हुआ हूँ मैं

औराक़[1] में छिपाती थी, अक्सर वो तितलियाँ,
शायद किसी किताब में रक्खा हुआ हूँ मैं

दुनिया है बेपनाह तो भरपूर ज़िन्दगी,
दो औरतों के बीच में लेटा हुआ हूँ मैं

1. पृष्ठों

(22)

होठों पे मोहब्बत के  फ़साने नहीं आते
साहिल पे समन्दर के   ख़ज़ाने नहीं आते

पलकें भी चमक उठती हैं सोते में हमारी,
आँखों को अभी ख़्वाब छुपाने नहीं आते

दिल उजड़ी हुई एक सराय की तरह है,
अब लोग  यहाँ  रात  बिताने नहीं आते

उड़ने दो परिन्दों को अभी शोख़ हवा में,
फिर लौट के बचपन के ज़माने नहीं आते

क्या सोच के आये हो मोहब्बत की गली में,
जब नाज़  हसीनों के   उठाने नहीं आते

अहबाब[1] भी ग़ैरों की अदा सीख गये हैं,
आते हैं मगर दिल को दुखाने नहीं आते

1.  मित्रगण

कोई हाथ नहीं ख़ाली है
बाबा ये नगरी कैसी है

कोई किसी का दर्द न जाने
सबको अपनी-अपनी पड़ी है

उसका भी कुछ हक़ है आखिर
उसने मुझसे नफ़रत की है

जैसे सदियाँ बीत चुकी हों
फिर भी आधी रात अभी है

कैसे कटेगी तनहा-तनहा
इतनी सारी उम्र पड़ी है

हम दोनों की खूब निभेगी
मैं भी दुखी हूँ, वो भी दुखी है

अब ग़म से क्या नाता तोड़े
ज़ालिम बचपन का साथी है

(24)

मुस्कराती    हुई धनक है    वही
उस बदन में  चमक-दमक है वही

अब भी चेहरा   चिराग़ लगता है
बुझ गया है मगर चमक है वही

वो सरापा[1] दिये की लौ जैसा
मैं हवा हूँ उधर लपक है वही

कोई    शीशा   ज़रूर   टूटा  है
गुनगुनाती   हुई   खनक  है वही

प्यार किसका मिला है मिट्टी में
इस चमेली तले महक है वही

1. सर से पाँव तक

(25)

अब तेरे मेरे बीच कोई फ़ासला भी हो
हम लोग जब मिलें, तो कोई दूसरा भी हो

तू जानता नहीं मेरी चाहत अजीब है
मुझको मना रहा है, कभी ख़ुद ख़फ़ा भी हो

तू बेवफ़ा नहीं है मगर बेवफ़ाई कर
उसकी नज़र में रहने का कुछ सिलसिला भी हो

पतझड़ के टूटते हुए पत्तों के साथ-साथ
मौसम कभी तो बदलेगा ये आसरा भी हो

चुपचाप उसको बैठ के देखूँ तमाम रात
जागा हुआ भी हो, कोई सोया हुआ भी हो

उसके लिए तो मैंने यहाँ तक दुआएँ कीं
मेरी तरह से कोई उसे चाहता भी हो

(26)

चल मुसाफ़िर  बत्तियाँ जलने लगीं
आसमानी     घण्टियाँ बजने लगीं

दिन के सारे कपड़े ढीले हो गये
रात की सब चोलियाँ कसने लगीं

डूब जायेंगे सभी दरिया, पहाड़
चाँदनी का नद्दियाँ  चढ़ने लगीं

जामुनों के बाग़ पर छाई घटा
ऊदी-ऊदी लड़कियाँ हँसने लगीं

रात की तनहाइयों को सोचकर
चाय की दो प्यालियाँ हँसने लगीं

दौड़ते हैं फूल बस्तों को दबाये
पाँवों-पाँवों तितलियाँ चलने लगीं

( 27 )

बेवफ़ा    रास्ते   बदलते  हैं
हमसफ़र    साथ-साथ  चलते  हैं

किसके  आँसू  छिपे हैं  फूलों  में
चूमता  हूँ   तो   होंठ  जलते  हैं

उसकी  आँखों  को  ग़ौर से  देखो
मन्दिरों  में    चिराग़    जलते  हैं

दिल  में  रहकर  नज़र  नहीं  आते
ऐसे   काँटे    कहाँ   निकलते  हैं

एक  दीवार  वो  भी  शीशे  की
दो  बदन  पास-पास  जलते  हैं

काँच  के,  मोतियों  के,  आँसू  के,
सब  खिलौने  ग़ज़ल  में  ढलते  हैं

किसने मुझको सदा दी बता कौन है
ऐ हवा तेरे घर में छिपा कौन है

बारिशों में किसी पेड़ को देखना
शाल ओढ़े हुए भीगता कौन है

खुशबुओं में नहायी हुई शाख़ पर
फूल-सा मुस्कराता हुआ कौन है

मैं यहाँ धूप में तप रहा हूँ मगर
वो पसीने में डूबा हुआ कौन है

दिल को पत्थर हुए इक ज़माना हुआ
इस मकाँ में मगर बोलता कौन है

आसमानों को हमने बताया नहीं
डूबती शाम में डूबता कौन है

तुम भी मजबूर हो, हम भी मजबूर हैं
बेवफ़ा कौन है, बावफ़ा[1] कौन है

1. प्रतिज्ञा निभानेवाला

(29)

दूसरों को    हमारी   सज़ाएँ न दे
चाँदनी   रात को   बद्‌दुआएँ न दे

फूल से आशिक़ी का हुनर सीख ले
तितलियाँ ख़ुद रुकेंगी सदाएँ न दे

सब गुनाहों का इकरार करने लगे
इस क़दर ख़ूबसूरत  सज़ाएँ न दे

मैं दरख़्तों की सफ़[1] का भिखारी नहीं
बेवफ़ा   मौसमों की   कबाएँ न दे

मोतियों को छिपा, सीपियों की तरह
बेवफ़ाओं को अपनी वफ़ाएँ न दे

मैं बिखर जाऊँगा आँसुओं की तरह
इस क़दर प्यार से बद्‌दुआएँ न दे

1. पंक्ति   2. चोग़े

मेरी आँखों में ग़म की निशानी नहीं
पत्थरों के पियालों में पानी नहीं

मैं तुझे भूलकर भी नहीं भूलता
प्यार सोना है, सोने का पानी नहीं

मेरी अपनी भी मजबूरियाँ हैं बहुत
मैं समन्दर हूँ, पीने का पानी नहीं

मेरा चेहरा  लकीरों में  तक़्सीम है
आईनों से  मुझे  बदगुमानी[1] नहीं

शाम के बाद बच्चों से कैसे मिलूँ
अब मिरे पास कोई कहानी नहीं

मौसमों के  लिफ़ाफ़े  बदलते रहे
कोई  तहरीर  इतनी  पुरानी नहीं

कोई आसेब[2] है इस हसीं शह्र पर
शाम रोशन है लेकिन सुहानी नहीं

---

1. कुधारणा   2. प्रेतबाधा

$$(31)$$

अगर    यक़ीं    नहीं आता तो आज़माये मुझे
वो आईना है    तो फिर,    आईना दिखाये मुझे


अजब चिराग़ हूँ    दिन-रात    जलता रहता हूँ
मैं थक गया हूँ,    हवा से कहो बुझाये मुझे


मैं जिसकी आँख का आँसू था उसने क़द्र न की
बिखर गया हूँ तो अब,    रेत से उठाये मुझे


बहुत    दिनों से मैं इन पत्थरों में पत्थर हूँ
कोई तो    आये    ज़रा    देर को रुलाये मुझे


मैं चाहता हूँ    कि तुम ही मुझे इजाज़त दो
तुम्हारी    तरह    से    कोई    गले लगाये मुझे

(32)

हमारा दिल    सवेरे का    सुनहरा जाम हो जाये
चिराग़ों की तरह आँखें जलें,    जब शाम हो जाये

मैं ख़ुद भी एहतियातन उस गली से कम गुज़रता हूँ
कोई मासूम क्यों    मेरे लिए,    बदनाम हो जाये

अजब हालात थे यूँ दिल का सौदा हो गया आख़िर
मोहब्बत की हवेली जिस तरह नीलाम हो जाये

समन्दर के सफ़र में इस तरह आवाज़ दो हमको
हवाएँ तेज़ हों और कश्तियों में शाम हो जाये

मुझे मालूम है उसका ठिकाना फिर कहाँ होगा
परिन्दा    आसमाँ    छूने में जब नाकाम हो जाये

उजाले    अपनी    यादों के    हमारे साथ रहने दो
न जाने किस गली में ज़िन्दगी की शाम हो जाये

( 33 )

दिखला के यही मंज़र बादल चला जाता है
पानी से मकानों पे कैसे लिखा जाता है

उस मोड़ पे हम दोनों कुछ देर बहुत रोये
जिस मोड़ से दुनिया को इक रास्ता जाता है

दोनों से चलो पूछें उसको कहीं देखा है
इक क़ाफ़िला आता है   इक क़ाफ़िला जाता है

दुनिया में कहीं   इनकी   तालीम नहीं होती
दो–चार किताबों को   घर में पढ़ा जाता है

( 34 )

अच्छा   तुम्हारे शहर का दस्तूर हो गया
जिसको गले लगाया वही दूर हो गया

काग़ज़ में दब के मर गये कीड़े किताब के
दीवाना  बेपढ़े-लिखे  मशहूर  हो गया

तनहाइयों ने तोड़ दी,  हम दोनों की अना[1]
आईना  बात करने पे  मजबूर हो गया

सुब्ह-ए-विसाल[2] पूछ रही है अजब सवाल
वो पास आ गया कि बहुत दूर हो गया

कुछ फल ज़रूर आयेंगे रोटी के पेड़ में
जिस दिन मेरा  मुतालबा[3] मंज़ूर हो गया

1. अहम्   2. मिलन का प्रभात   3. प्रार्थना

(35)

सन्नाटा क्या चुपके-चुपके कहता है
सारी दुनिया किसका रैन-बसेरा है

आसमान के दोनों कोनों के आख़िर
एक सितारा तेरा है, इक मेरा है

अण्डा, मछली छूकर जिनको पाप लगे
उनका पूरा हाथ लहू में डूबा है

आहिस्ता-आहिस्ता दिल पर दस्तक दो
धीरे-धीरे ये दरवाज़ा खुलता है

सूरज के घर से उसके घर तक जाना
कितना सीधा-सादा धूप का रस्ता है

सारी रात लिहाफ़ों में रोईं आँखें
सब कहते थे रिश्ता-नाता झूठा है

(36)

उदासी का ये पत्थर आँसुओं से नम नहीं होता
हज़ारों जुगनुओं से भी अँधेरा कम नहीं होता


कभी बरसात में  शादाब[1]  बेलें  सूख जाती हैं
हरे पेड़ों के गिरने का कोई मौसम नहीं होता


बहुत से लोग दिल को इस तरह महफ़ूज़[2] रखते हैं
कोई बारिश हो ये काग़ज़ ज़रा भी नम नहीं होता


बिछुड़ते वक़्त कोई बदगुमानी दिल में आ जाती
उसे भी ग़म नहीं होता, मुझे भी ग़म नहीं होता


ये आँसू हैं इन्हें फूलों में शबनम की तरह रखना
ग़ज़ल एहसास है, एहसास का मातम नहीं होता


1. हरी-भरी   2. सुरक्षित

(37)

इक चेहरा साथ-साथ रहा जो मिला नहीं
किसको तलाश करते रहे कुछ पता नहीं

आख़िर ग़ज़ल का ताजमहल भी है मकबरा
हम ज़िन्दगी थे हमको किसी ने जिया नहीं

जिसकी मुख़ालफ़त हुई मशहूर हो गया
इन पत्थरों से कोई परिन्दा गिरा नहीं

तारिकियों[1] में और चमकती है दिल की धूप
सूरज तमाम रात यहाँ डूबता नहीं

किसने जलाई बस्तियाँ बाज़ार क्यों लुटे
मैं चाँद पर गया था मुझे कुछ पता नहीं

1. अँधेरों

(38)

सियाहियों के बने हर्फ़-हर्फ़ धोते हैं
ये लोग रात में कागज़ कहाँ भिगोते हैं

किसी की राह में दहलीज़ पर दिये न रखो
किवाड़ सूखी हुई लकड़ियों के होते हैं

चिराग़ पानी में मौजों[1] से पूछते होंगे
वो कौन लोग हैं जो कश्तियाँ डुबोते हैं

क़दीम[2] क़स्बों में कैसा सुकून होता है
थके-थकाये हमारे बुजुर्ग सोते हैं

चमकती है कहीं सदियों में आँसुओं से ज़मीं
ग़ज़ल के शे'र कहाँ रोज़-रोज़ होते हैं

1. लहरों   2. पुराने

(39)

अगर तलाश करूँ कोई मिल ही जायेगा
मगर तुम्हारी तरह मुझको कौन चाहेगा


तुम्हें ज़रूर कोई चाहतों से देखेगा
मगर वो आँखें हमारी कहाँ से लायेगा


मैं अपनी राह में दीवार बन के बैठा हूँ
अगर वो आया तो किस रास्ते से आयेगा


तुम्हारे हाथ ये मौसम फ़रिश्तों जैसा है
तुम्हारे बाद ये मौसम बहुत सतायेगा

(40)

कोई चिराग़  नहीं है  मगर  उजाला है
ग़ज़ल की शाख़ पे इक फूल खिलने वाला है

गज़ब की धूप है  इक बेलिबास[1] पत्थर पर
पहाड़ पर  तेरी  बरसात का  दुशाला है

अजीब लहजा है दुश्मन की मुस्कराहट का
कभी गिराया है मुझको कभी सँभाला है

निकल के पास की मस्जिद से एक बच्चे ने
फ़साद में  जली मूरत पे  हार डाला है

1. वस्त्रहीन

(41)

माटी की कच्ची गागर को   क्या खोना,   क्या पाना बाबा
माटी को माटी है रहना,   माटी में   मिल जाना बाबा

हम क्या जानें   दीवारों से,   कैसे धूप   उतरती होगी
रात रहे   घर जाना है,   रात गये   घर   आना बाबा

जिस लकड़ी को अन्दर-अन्दर, दीमक बिलकुल चाट चुकी हो
उसको ऊपर से   चमकाना,   राख पे   धूप जमाना बाबा

प्यार की गहरी फुंकारों से,   सारा बदन आकाश हुआ है
दूध पिलाना,   तन डसवाना,   है दस्तूर   पुराना बाबा

इन ऊँचे   शहरों में पैदल, सिर्फ़   देहाती ही चलते हैं
हमको बाज़ारों से इक दिन,   काँधे पर   ले जाना बाबा

(42)

नज़र से गुफ़्तगू, ख़ामोश लब, तुम्हारी तरह
ग़ज़ल ने सीखे हैं अन्दाज़, सब तुम्हारी तरह

जो प्यास तेज़ हो तो रेत भी है चादर-ए-आब[1]
दिखाई दूर से देते हैं सब तुम्हारी तरह

हवा की तरह मैं बेताब हूँ कि शाख़-ए-गुलाब,
लहकती हैं मिरी आहट पे अब तुम्हारी तरह

सुनाते हैं मुझे ख़्वाबों की दास्ताँ अक्सर
कहानियों के पुरअसरार[2] लब तुम्हारी तरह

1. पानी की चादर   2. हठपूर्ण

( 43 )

दालानों की धूप छतों की शाम कहाँ
घर के बाहर घर जैसा आराम कहाँ

बाज़ारों की चहल-पहल से रोशन है
इन आँखों में  मन्दिर जैसी शाम कहाँ

मैं उसको पहचान नहीं पाया तो क्या
याद उसे भी आया मेरा नाम कहाँ

दिन-भर सूरज किसका पीछा करता है
रोज़ पहाड़ी पर जाती है शाम कहाँ

लोगों को सूरज का धोखा होता है
आँसू बनकर चमका मेरा नाम कहाँ

चन्दा के  बस्ते में सूखी  रोटी है
काजू, किशमिश, पिस्ते और बादाम कहाँ

(44)

रेत भरी है इन आँखों में आँसू से तुम धो लेना
कोई सूखा पेड़ मिले तो उससे लिपट के रो लेना

इसके बाद बहुत तनहा हो जैसे जंगल का रस्ता
जो भी तुमसे प्यार से बोले साथ उसी के हो लेना

कुछ तो रेत की प्यास बुझाओ, जनम-जनम की प्यासी है
साहिल पर चलने से पहले अपने पाँव भिगो लेना

मैंने दरिया से सीखी है पानी की पर्दादारी
ऊपर-ऊपर हँसते रहना गहराई में रो लेना

रोते क्यों हो दिलवालों की किस्मत ऐसी होती है
सारी रात यूँ ही जागोगे दिन निकले तो सो लेना

(45)

उदास आँखों से    आँसू नहीं निकलते हैं
ये मोतियों की तरह    सीपियों में पलते हैं

घने धुएँ में फरिश्ते भी आँख मलते हैं
तमाम रात    खजूरों के पेड़ जलते हैं

मैं शाहराह[1]    नहीं    रास्ते का पत्थर हूँ
यहाँ सवार भी पैदल उतर के चलते हैं

उन्हें कभी न बताना मैं उनकी आँखों में
वो लोग फूल समझकर मुझे मसलते हैं

कई सितारों को मैं जानता हूँ बचपन से
कहीं भी जाऊँ मिरे साथ-साथ चलते हैं

ये एक पेड़ है    आ    इससे मिलके रो लें हम
यहाँ    से    तेरे-मिरे    रास्ते    बदलते    हैं

1.  राजपथ

(46)

कोई फूल धूप की पत्तियों में हरे रिबन से बँधा हुआ
वो ग़ज़ल का लहजा नया-नया, न कहा हुआ न सुना हुआ

जिसे ले गई है अभी हवा वो वरक था दिल की किताब का
कहीं आँसुओं से मिटा हुआ, कहीं आँसुओं से लिखा हुआ

कई मील रेत को काटकर कोई मौज फूल खिला गयी
कोई पेड़ प्यास से मर रहा है, नदी के पास खड़ा हुआ

मुझे हादिसों ने सजा-सजा के बहुत हसीन बना दिया
मेरा दिल भी जैसे दुल्हन का हाथ हो मेहँदियों से रचा हुआ

वो ही शह्र है वो ही रास्ते, वो ही घर है और वो ही लॉन भी
मगर इस दरीचे से पूछना, वो दरख़्त अनार का क्या हुआ

वो ही ख़त कि जिस पे जगह-जगह दो महकते होठों के चाँद थे
किसी भूले-बिसरे से ताक़ पर तह-ए-गर्द[1] होगा दबा हुआ

1. धूल के नीचे

(47)

याद किसी की चाँदनी बनकर कोठे-कोठे छिटकी है
याद किसी की धूप हुई है ज़ीना-ज़ीना उतरी है

रात की रानी सहन-ए-चमन में गेसू खोले सोती है
रात-बिरात उधर मत जाना इक नागिन भी रहती है

तुमको क्या तुम ग़ज़लें कहकर अपनी आग बुझा लोगे
उसके जी से पूछो जो पत्थर की तरह चुप रहती है

पत्थर लेकर गलियों-गलियों लड़के पूछा करते हैं
हर बस्ती में मुझसे आगे शोहरत मिरी पहुँचती है

मुद्दत से इक लड़की के रुख़्सार[1] की धूप नहीं आयी
इसीलिए मेरे कमरे में इतनी ठण्डक रहती है

1. कपोल

(48)

कभी तो शाम ढले    अपने घर गये होते
किसी की आँख में    रहकर सँवर गये होते

सिंगारदान में    रहते हो    आईने की तरह
किसी के हाथ से    गिरकर    बिखर गये होते

ग़ज़ल ने बहते हुए    फूल    चुन लिए वरना
ग़मों में    डूब के हम    लोग मर गये होते

अजीब रात थी कल तुम भी आके लौट गये
जब आ गये थे तो पल-भर ठहर गये होते

बहुत दिनों से है दिल अपना ख़ाली-ख़ाली-सा
ख़ुशी नहीं    तो    उदासी से    भर गये होते

( 49 )

हमारी शोहरतों की मौत बेनाम-ओ-निशाँ होगी
न कोई तज़्किरा[1] होगा   न कोई   दास्ताँ होगी


अगर मैं लौटना चाहूँ तो क्या मैं लौट सकता हूँ
वो दुनिया साथ जो मेरे चली थी अब कहाँ होगी


परिन्दे अपनी मिनक़ारों[2] में सब तारे छुपा लेंगे
जवानी चार दिन की चाँदनी है फिर कहाँ होगी


दरख़्तों की ये छालें भी उतर जायेंगी पत्ते क्या
ये दुनिया धीरे-धीरे एक दिन फिर से जवाँ होगी


हवाएँ रोयेंगी   सिर फोड़ लेंगी   इन पहाड़ों से
कभी जब बादलों में चाँद की डोली रवाँ होगी


किसे मालूम था हम लोग इक बिस्तर पे सोयेंगे
हिफ़ाज़त के लिए तलवार अपने दरमियाँ होगी


1. चर्चा   2. चोंचों

पसीना बंद कमरे की उमस का जज़्ब है उसमें
हमारे तौलिये में    धूप की खुशबू कहाँ होगी

किसी गुमनाम पत्थर पर बहुत से नाम लिख दोगे
तो कुर्बानी हमारी इस तरह से जाविदाँ[1] होगी

ज़मीनें तो मेरी    अजदाद[2] ने सारी गँवा दी हैं
मगर ये एक मुट्ठी ख़ाक ख़ुद अपना निशाँ होगी

समन्दर बूढ़े हो जायेंगे और इक फ़ाहिशा[3] मछली
हमारे साहिलों और जंगलों की हुक्मराँ होगी

1. शाश्वत  2. पूर्वज  3. व्यभिचारिणी

( 50 )

कोई न जान सका वो कहाँ से आया था
और उसने धूप से बादल को क्यों मिलाया था

वो अब    वहाँ है   जहाँ रास्ते नहीं जाते
मैं जिसके साथ यहाँ पिछले साल आया था

सुना है   उसपे   चहकने लगे   परिन्दे भी
वो एक पौधा जो हमने कभी लगाया था

चिराग़   डूब   गये   कँपकपाये   होंठों पर
किसी का हाथ हमारे लबों तक आया था

बदन को छोड़ के जाना है आसमाँ की तरफ़
समन्दरों ने हमें   ये सबक़   पढ़ाया था

तमाम उम्र   मिरा दम   उसी धुएँ में घुटा
वो इक चिराग़ था मैंने जिसे बुझाया था

(51)

आया ही नहीं हमको आहिस्ता गुज़र जाना
शीशे का मुक़द्दर है टकरा के बिखर जाना

तारों की तरह शब के सीने में उतर जाना
आहट न हो कदमों की इस तरह गुज़र जाना

नश्शे में सँभलने का फ़न[1] यूँ ही नहीं आया
इन जुल्फ़ों से सीखा है लहरा के सँवर जाना

भर जाएँगे आँखों में आँचल से बँधे बादल
याद आयेगा जब गुल पर शबनम का बिखर जाना

हर मोड़ पे दो आँखें हमसे यही कहती हैं
जिस तरह भी मुमकिन हो तुम लौट के घर जाना

1. कला

पत्थर को मिरा साया आईने-सा चमका दे
जाना तो मिरा शीशा यूँ दर्द से भर जाना

ये चाँद सितारे तुम औरों के लिए रख लो
हमको यहीं जीना है हमको यहीं मर जाना

जब टूट गया रिश्ता सरसब्ज़ पहाड़ों से
फिर तेज़ हवा जाने हमको है किधर जाना

(52)

वो नहीं है तो उसकी आस रहे
एक जाये तो   एक पास रहे

जब भी कसने लगा,  उतार दिया
इस बदन पर कई   लिबास रहे

दोनों इक दूसरे का मुँह देखें
आईना  आईने के   पास  रहे

आज हम सब के साथ खूब हँसे
और फिर  देर तक  उदास रहे

बद्र,  वो आँखें  बहुत ढूँढ़ रही हैं तुमको
चाँद की चौदहवीं तारीख़ है,  ऊपर देखो

रात सोयी हुई  रा'नाइयों ने  मुझसे कहा
हम तुम्हारी ही ग़ज़ल हैं कभी हमको भी कहो

चाँदनी रात में कह जाती है  आहट जैसे
हम बहुत पास हैं आवाज़ न दो, हमको सुनो

जिससे उम्मीद-ए-वफ़ा  होगी वही दुख देगा
बेवफ़ा  जान के  चाहो जिसे  अबकी चाहो

उसकी कुदरत में नहीं रुक के कोई बात सुने
वक़्त आवाज़ है आवाज़ को आवाज़ न दो

एक आवाज़ बहुत काफ़ी है  सोते के लिए
लोग समझेंगे बने लेटे हो अब जाग पड़ो

आज कमरे में  नहीं  बैठने वाला  मौसम
बर्फ़ गिरने की ख़बर गर्म है घर से निकलो

(54)

मुसाफ़िर के रस्ते बदलते रहे
मुक़द्दर में चलना था चलते रहे

कोई फूल-सा हाथ काँधे पे था
मिरे हाथ शोलों पे चलते रहे

मिरे रास्ते में उजाला रहा
दिये उसकी आँखों में जलते रहे

मोहब्बत, अदावत[1], वफ़ा, बेरुख़ी[2]
किराये के घर थे बदलते रहे

सुना है उन्हें भी हवा लग गई
हवाओं के रुख़ जो बदलते रहे

वो क्या था जिसे हमने ठुकरा दिया
मगर उम्र भर हाथ मलते रहे

लिपट कर चिराग़ों से वो सो गये
जो फूलों पे करवट बदलते रहे

---

1. शत्रुता   2. उपेक्षा

( 55 )

तारों की चिलमनों से कोई झाँकता भी हो
इस कायनात में कोई मंज़र नया भी हो

इतनी सियाह रात में   किसको सदाएँ दूँ
ऐसा चिराग़ दे   जो कभी बोलता भी हो

सारे पहाड़ काट के   मैं   मिलने आऊँगा
हाँ, मेरे इन्तज़ार में दरिया रुका भी हो

रंगों की क्या बहार है पत्थर के बाग़ में
लेकिन मिरी ज़मीं का इक हिस्सा हरा भी हो

उसके लिए तो मैंने यहाँ तक दुआएँ कीं
मेरी तरह से   कोई   उसे चाहता भी हो

(56)

जुगनू कोई सितारों की महफ़िल में खो गया
इतना न कर मलाल   जो होना था   हो गया


परवरदिगार   जानता है तू दिलों का हाल
मैं जी न पाऊँगा जो उसे कुछ भी हो गया


अब उसको देख कर नहीं धड़केगा मेरा दिल
कहना कि मुझको ये भी सबक़ याद हो गया


बादल उठा था सबको रुलाने के वास्ते
आँचल भिगो गया कहीं दामन भिगो गया


एक लड़की एक लड़के के काँधे पे सोयी थी
मैं उजली धुँधली यादों के कुहरे में खो गया

(57)

हर रोज़ हमें मिलना हर रोज़ बिछड़ना है
मैं रात की परछाईं तू सुब्ह का चेहरा है

आलम का ये सब नक़्शा बच्चों का घरौंदा है
एक ज़र्रे के क़ब्ज़े में  सहमी हुई दुनिया है

हमराह चलो मेरे  या राह से  हट जाओ
दीवार के रोके से दरिया कहीं रुकता है

उनके ही इशारों पर ये रात मिली हमको
जिन चाँद से चेहरों का साया भी सुनहरा है

इक गूँज भटकती है सुनसान पहाड़ों में
जब रात के सीने में दिल मेरा धड़कता है

कब जाने हवा उसको बिखरा दे फ़ज़ाओं में
ख़मोश  दरख़्तों पर  सहमा हुआ नग़्मा है

( 58 )

हवा में ढूँढ़ रही है कोई सदा मुझको
पुकारता है पहाड़ों का सिलसिला मुझको

मैं आसमाँ-ओ-ज़मीं की हदें मिला देता
कोई सितारा अगर झुककर चूमता मुझको

चिपक गये मिरे तलवों से फूल शीशे के
ज़माना खींच रहा था बरहना-पा[1] मुझको

वो शहसवार[2] बड़ा रहम-दिल था मेरे लिए
बढ़ा के नैज़ा ज़मीं से उठा लिया मुझको

मकान, खेत, सभी आग की लपेट में थे
सुनहरी घास में उसने छुपा दिया मुझको

बस एक रात में सरसब्ज़ ये ज़मीन हुई
मिरे ख़ुदा ने कहाँ तक बिछा दिया मुझको

1. नंगे पैर   2. श्रेष्ठ घुड़सवार

(59)

पत्थर के जिगर वालो ! ग़म में वो रवानी है
ख़ुद राह बना लेगा    बहता हुआ    पानी है

दिल से जो छटे बादल तो आँख में सावन है
ठहरा हुआ दरिया है बहता हुआ पानी है

इस हौसला-ए-दिल पर हमने भी कफ़न पहना
हँसकर    कोई पूछेगा    क्या जान गँवानी है

(60)

हमारे वास्ते ये चार दिन की शोहरत क्या
वो मिल गया तो किसी और की ज़रूरत क्या

कभी-कभी तो मोहब्बत का एहतराम[1] करो
वो बेवफ़ा है तो फिर बेवफ़ा की चाहत क्या

गुलाब किसलिए लब को सजाये सुख़ीं से
हिरन की आँख में काजल की है ज़रूरत क्या

खुदाया मेरी सदी में भी मो'जज़ा[2] कर दे
वो पूछते हैं कि इस दौर में मोहब्बत क्या

मैं अपनी ख़ाक उठाकर कहाँ-कहाँ घूमूँ
तिरे बग़ैर मिरी ज़िन्दगी की कीमत क्या

1. सम्मान   2. चमत्कार

( 61 )

दिमाग़ भी कोई मसरूफ़[1] छापाख़ाना है
वो शोर, जैसे कि अख़बार छपता रहता है

हज़ारों पत्ते ज़मीं पर शहीद मिलते हैं
ख़िज़ाँ की धूप में नैज़ा कोई चमकता है

ज़मीं ने माँग लिया आसमान छीन लिया
हमारे पास न अब जिस्म है न साया है

वो बालकॉनी में आये तो रास्ता रुक जाए
सड़क पे चलने लगे तो हमारे जैसा है

जहाँ पे मिलती थीं दो किरनें उस शजर[2] के तले
दुलाई ओढ़े हुए इक फ़क़ीर बैठा है

1. व्यस्त  2. वृक्ष

( 62 )

जब सहर चुप हो हँसा लो हमको
जब अँधेरा हो जला लो हमको

हम हक़ीक़त में नज़र आते हैं
दास्तानों में छुपा लो हमको

दिन न पा जाए कहीं शब का राज़
सुब्ह से पहले उठा लो हमको

हम ज़माने के सताये हैं बहुत
अपने सीने से लगा लो हमको

वक़्त के होंठ हमें छू लेंगे
अनकहे बोल में गा लो हमको

(६३)

अब है टूटा-सा दिल ख़ुद से बेज़ार[1]-सा
इस हवेली में लगता था दरबार-सा

इस तरह साथ निभना है दुश्वार-सा
मैं भी तलवार-सा, तू भी तलवार-सा

ख़ूबसूरत-सी पाँवों में ज़ंजीर हो
घर में बैठा रहूँ मैं गिरफ़्तार-सा

गुड़िया गुड्डे को बेचा ख़रीदा गया
घर सजाया गया रात बाज़ार-सा

शाम तक कितने हाथों से गुज़रूँगा मैं
चायख़ानों में उर्दू के अख़बार-सा

मैं फ़रिश्तों की सोहबत के लायक नहीं
हमसफ़र कोई होता गुनहगार-सा

1. विमुख

बात क्या है कि मशहूर लोगों के घर
मौत का  सोग होता है  त्यौहार-सा

ज़ीना-ज़ीना  उतरता हुआ  आईना
उसका लहजा अनोखा खनकदार-सा

वो अलीगढ़ की शामें कहाँ खो गयीं
अब वो शायर कहाँ है तरहदार-सा

अपना रंग-ए-ग़ज़ल उसके रुख़सार-सा
दिल चमकने लगा है रुख़-ए-यार-सा[1]

1. मित्र की मुखाकृति जैसा

(64)

खुशबू की  तरह आया  वो तेज़ हवाओं में
माँगा था जिसे  हमने  दिन-रात दुआओं में

तुम छत पे नहीं आये में घर से नहीं निकला
ये चाँद बहुत भटका सावन की घटाओं में

एक शहर में एक लड़की बिलकुल है ग़ज़ल जैसी
बिजली-सी  घटाओं में  खुशबू-सी हवाओं में

मौसम का इशारा है खुश रहने दो बच्चों को
मासूम  मोहब्बत है  फूलों की  ख़ताओं  में

हम   चाँद सितारों की   राहों के   मुसाफ़िर हैं
हर रात चमकते हैं  तारीक[1]  ख़लाओं[2]  में

भगवान ही  भेजेंगे  चावल से भरी थाली
मज़लूम[3]  परिन्दों की  मासूम  सभाओं  में

दादा   बड़े भोले थे   सबसे यही कहते थे
कुछ ज़ह्र   भी  होता है  अँग्रेज़ी दवाओं में

<hr>

1. अँधेरी   2. अंतरिक्षों   3. जिस पर अत्याचार हुआ हो

(65)

आहन[1] में ढलती जायेगी इक्कीसवीं सदी
फिर भी ग़ज़ल सुनायेगी इक्कीसवीं सदी

जलकर जो राख हो गयीं दंगों में उस बरस
उन झुग्गियों में आयेगी इक्कीसवीं सदी

तहज़ीब के लिबास उतर जायेंगे जनाब
डॉलर में गुनगुनायेगी इक्कीसवीं सदी

1. लोहा

ले जा के आसमान पे तारों के आस-पास
अमरीका को  गिरायेगी  इक्कीसवीं सदी

फिर से ख़ुदा बनायेगा  कोई नया जहाँ
दुनिया को यूँ मिटायेगी इक्कीसवीं सदी

कम्प्यूटरों से ग़ज़लें लिखेंगे 'बशीर बद्र'
ग़ालिब को भूल जायेगी इक्कीसवीं सदी

( 66 )

अपनी जगह जमे हैं कहने को कह रहे थे
सब लोग वरना बहते दरिया में बह रहे थे

ऐसा लगा कि हम तुम कोहरे में चल रहे हों
वो फूल ऊँची-नीची लहरों पे बह रहे थे

दिल उजले पाक[1] फूलों से भर दिया था किसने
उस दिन हमारी आँखों से अश्क बह रहे थे

अक़्सर शराब पीकर पढ़ती थी वो दुआएँ
हम एक ऐसी लड़की के साथ रह रहे थे

अख़बार में तो ऐसी कोई ख़बर नहीं थी
झुलसे मकान झूठे अफ़साने कह रहे थे

1. पवित्र

( 67 )

ज़मीं से आँच ज़मीं तोड़ कर निकलती है
अजीब तशनगी[1] इन बादलों से बरसी है

मिरी निगाह मुख़ातिब से   बात करते हुए
तमाम जिस्म के कपड़े उतार लेती है

हमारे अह्द में   नायाब[2] है   बचाये रहो
तुम्हारी आँख में इक चीज़ जो चमकती है

सरों पे धूप की गठरी उठाये फिरते हैं
दिलों में जिनके बड़ी सर्द रात होती है

खड़े-खड़े मैं सफ़र कर रहा हूँ बरसों से
ज़मीन  पाँव के  नीचे कहाँ  ठहरती है

---

1. प्यास   2. अप्राप्य

हवा हमारे ही सीने में आये-जाये है
बलन्द   चाँद-सितारे   ज़मीन गहरी है

बिखर रही है मिरी रात उसके शानों पर
किसी की सुबह मिरे बाज़ुओं में सोती है

पिघल रही हैं चटानें नहीफ़[1] बाँहों में
बदन में प्यार के कैसी अजीब गर्मी है

हवा के आँख नहीं, हाथ और पाँव नहीं
इसीलिए वो सभी रास्तों पे चलती है

1. अशक्त

( 68 )

सब आने वाले    बहलाकर    चले गये
आँखों पर    शीशे चमकाकर चले गये


मलबे के    नीचे आकर मालूम हुआ
सब कैसे    दीवार    गिराकर चले गये


अगर    कभी    लौटेंगे    राख बटोरेंगे
जंगल में जो    आग लगाकर चले गये


मैं था, दिन था और इक लम्बा रस्ता था
सब खैमे जब लोग उठाकर चले गये


चट्टानों पर    आकर    ठहरे दो रस्ते
फिर आगे इक    राह    बनाकर चले गये

(69)

याद अब ख़ुद को आ रहे हैं हम
कुछ दिनों तक ख़ुदा रहे हैं हम

आरजुओं के सुख़ फूलों से
दिल की बस्ती सजा रहे हैं हम

आज तो अपनी ख़ामुशी में भी
तेरी आवाज़ पा रहे हैं हम

बात क्या है कि फिर ज़माने को
याद रह-रह के आ रहे हैं हम

अब हमें देख भी न पाओगे
इतने नज़दीक आ रहे हैं हम

धूप निकली है मुद्दतों के बाद
गीले जज़्बे सुखा रहे हैं हम

सर्दियों में लिहाफ़ से चिमटे
चाँद तारों पे जा रहे हैं हम

उसने पूछा हमारे घर का पता
कॉफ़ी हाउस बुला रहे हैं हम

ग़ज़लें अब तक शराब पीती थीं
नीम का रस पिला रहे हैं हम

(70)

फूल-सा कुछ कलाम और सही
इक ग़ज़ल उसके नाम और सही

उसकी ज़ुल्फ़ें बहुत घनेरी हैं
एक शब का क़याम[1] और सही

ज़िन्दगी के उदास क़िस्से हैं
एक लड़की का नाम और सही

कुर्सियों को सुनाइये ग़ज़लें
क़त्ल की एक शाम और सही

कँपकपाती है रात सीने में
ज़हर का एक जाम और सही

1. अस्थायी निवास

(71)

मैं उदास रस्ता हूँ शाम का, तिरी आहटों की तलाश है
ये सितारे सब हैं बुझे-बुझे, मुझे जुगनुओं की तलाश है

वो जो एक दरिया था आग का, सभी रास्तों से गुज़र गया
तुम्हें कब से रेत के शह्र में, नई बारिशों की तलाश है

नये मौसमों की उड़ान को, अभी इसकी कोई ख़बर नहीं
तिरे आसमान के जाल को, नये पंछियों की तलाश है

मिरे दोस्तों ने सिखा दिया, मुझे अपनी जान से खेलना
मिरी ज़िन्दगी तुझे क्या ख़बर, मुझे क़ातिलों की तलाश है

तिरी-मेरी एक हैं मंज़िलें, वो ही जुस्तजू वो ही आरज़ू
तुझे दोस्तों की तलाश है, मुझे दुश्मनों की तलाश है

1. खोज

(72)

ख़्वाब इन आँखों से अब कोई चुराकर ले जाये
कब्र के सूखे हुए फूल उठाकर ले जाये

मुन्तज़िर फूल में ख़ुशबू की तरह हूँ कब से
कोई झोंके की तरह आये उड़ाकर ले जाये

ये भी पानी है मगर आँखों का ऐसा पानी
जो हथेली पे रची मेहँदी छुड़ाकर ले जाये

मैं मोहब्बत से महकता हुआ ख़त हूँ मुझको
ज़िन्दगी अपनी किताबों में छुपाकर ले जाये

ख़ाक इन्साफ़ है   नाबीना¹ बुतों के आगे
रात थाली में चिराग़ों को सजाकर ले जाये

उनसे ये कहना मैं पैदल नहीं आने वाला
कोई बादल मुझे काँधे पे बिठाकर ले जाये

1. अंधे

सुब्ह का झरना, हमेशा हँसने वाली औरतें
झुटपुटे की नदि्दयाँ, ख़ामोश गहरी औरतें

सब्ज़ नारंगी, सुनहरी, खट्टी-मीठी लड़कियाँ
भारी जिस्मों वाली, टपके आम-जैसी औरतें

सड़कों, बाज़ारों, मकानों, दफ़्तरों में रात-दिन
लाल-पीली, सब्ज़ नीली, जलती-बुझती औरतें

शहर में एक बाग़ है और बाग़ में तालाब है
तैरती हैं इसमें सातों रंग वाली औरतें

इनके अन्दर पक रहा है वक़्त का ज्वालामुखी
किन पहाड़ों को ढके हैं, बर्फ़-जैसी औरतें

सैकड़ों ऐसी दुकानें हैं जहाँ मिल जायेंगी
धात की, पत्थर की, शीशे की, रबर का औरत

इस ग़ज़ल में सैकड़ों अफ़साने, नज़्में और गीत
इस सराय में   छुपी हैं   कैसी-कैसी औरतें

वाक़ई दोनों बहुत मज़्लूम हैं   नक़्क़ाद[1] और
माँ कहे जाने की हसरत में सुलगती औरतें

1. सामालोचक

( 74 )

धूप आई है    मुझको फैलाने
शामियाना   मिरा   हवा   ताने

झूमते   फूल   माँगते हैं   दुआ
अब हवा आये हमको बिखराने

धूप के ऊँचे-नीचे रस्तों को
एक कमरे का बल्ब क्या जाने

हाथ   को   हाथ   छू   नहीं   सकते
उँगलियों   को    नसीब    दस्ताने

तेज़ पहियों की   धूल में डूबे
पेड़ थककर खड़े हैं सुस्ताने

(75)

ये कसक दिल की दिल में चुभी रह गयी
ज़िन्दगी में   तुम्हारी   कमी रह गयी


एक मैं   एक तुम   एक दीवार थी
ज़िन्दगी   आधी-आधी   बँटी रह गयी


रात की भीगी-भीगी   छतों की तरह
मेरी   पलकों पे   थोड़ी नमी रह गयी


मैंने   रोका नहीं   वो चला भी गया
बेबसी   दूर तक   देखती   रह गयी


मेरे घर की तरफ़   धूप की पीठ थी
आते-आते   इधर   चाँदनी रह गयी

(76)

नारियल के दरख़्तों की पागल हवा
खुल गये बादबाँ लौट जा लौट जा
साँवली सरजमीं पर मैं अगले बरस
फूल खिलने से पहले ही आ जाऊँगा

गर्म कपड़ों का सन्दूक मत खोलना
वरना यादों की काफ़ूर-जैसी महक
ख़ून में आग बनकर उतर जायेगी
सुबुह तक यह मकाँ ख़ाक हो जायेगा

लॉन में   एक भी   बेल ऐसी नहीं
जो देहाती   परिन्दे के   पर बाँध ले
जंगली   आम की   जानलेवा महक
जब बुलायेगी   वापस   चला जायेगा

1. पाल

मेरे बचपन के मन्दिर की वह मूरती
धूप के आसमाँ पर खड़ी थी मगर
एक दिन जब मिरा कद मुक़म्मल' हुआ
उसका सारा बदन बर्फ़ में धँस गया

अनगिनत काले-काले परिन्दों के पर
टूटकर ज़र्द पानी को ढकने लगे
फ़ाख़्ता धूप के पुल पे बैठी रही
रात का हाथ चुपचाप बढ़ता गया

(77)

मुझे भुलाये कभी याद करके रोये भी
वो अपने आपको बिखराये और पिरोये भी

शुमार हम न हुए उन चमकने वालों में
बदन भी मलते रहे, रोज़ कपड़े धोये भी

बहुत ग़ुबार भरा था दिलों में दोनों के
मगर वो एक ही बिस्तर पे रात सोये भी

बहुत दिनों से नहाये नहीं है आँगन में
कभी तो राह की बारिश हमें भिगोये भी

ये तुमसे किसने कहा रात से मैं डरता हूँ
ज़रूर आये मिरे बाजुओं में सोये भी

वो नौजवान जवानी की नींद में गुम था
बहुत पुकारा, झिंझोड़ा, लिपट के रोये भी

यक़ीन जानिए एहसास तक न होगा हमें
नसों में सूईयाँ कोई अगर चुभोए भी

अभी इस तरफ़ न निगाह कर
मैं ग़ज़ल की पलकें सँवार लूँ
मिरा लफ़्ज़-लफ़्ज़ हो आईना
तुझेआईनेमेंउंतारलूँ

कोई जाता है यहाँ से, न कोई आता है
ये दिया अपने अँधेरे में घुटा जाता है

सब समझते हैं वही रात की किस्मत होगा
जो सितारा कि बलन्दी पे नज़र आता है

बिल्डिंगें लोग नहीं हैं जो कहीं भाग सकें
रोज़ इन्सानों का सैलाब बढ़ा जाता है

मैं इसी खोज में बढ़ता ही चला जाता हूँ
किस का आँचल है जो कोहसारों[1] पे लहराता है

मेरी आँखों में है इक अब्र[2] का टुकड़ा शायद
कोई मौसम हो सर-ए-शाम बरस जाता है

दे तसल्ली कोई तो आँख छलक उठती है
कोई समझाये तो दिल और भी भर आता है

अब्र के खेत में बिजली की चमकती हुई राह
जानेवालों के लिए रास्ता बन जाता है

1. पर्वतमालाओं  2. बादल

( 79 )

चाँद का टुकड़ा न सूरज का नुमाइन्दा हूँ
मैं न इस बात पे नाज़ाँ हूँ न शर्मिन्दा हूँ

दफ़्न हो जायेगा जो सैकड़ों मन मिट्टी में
ग़ालिबन मैं भी उसी शहर का बाशिन्दा हूँ

ज़िन्दगी तो मुझे पहचान न पाई लेकिन
लोग कहते हैं कि मैं तेरा नुमाइन्दा हूँ

फूल-सी कब्र से अक्सर ये सदा आती है
कोई कहता है बचा लो मैं अभी ज़िन्दा हूँ

वाक़ई इस तरह मैंने कभी सोचा ही नहीं
कौन है अपना यहाँ किसके लिए ज़िन्दा हूँ

1. गर्वान्वित

(80)

फूल बरसे, कहीं शबनम, कहीं गौहर[1] बरसे
और इस दिल की तरफ़ बरसे तो पत्थर बरसे

बारिशें छत पे खुली जगहों पे होती हैं मगर
ग़म वो सावन है जो इन कमरों के अन्दर बरसे

हमसे मजबूर का गुस्सा भी अजब बादल है
अपने ही दिल से उठे अपने ही दिल पर बरसे

अब भी महफ़ूज़ हैं मिट्टी में दफ़ीनें[2] कितने
रात पथरायी हुई आँखों से गौहर बरसे

कौन कहता है कि रंगों के फ़रिश्ते उतरें
जो भी बरसे मगर इस बार तो घर-घर बरसे

1. मोती   2. गड़ा हुआ ख़ज़ाना

( 81 )

इन आँखों से दिन-रात बरसात होगी
अगर ज़िन्दगी सिर्फ़ जज़्बात होगी

कहाँ आँसुओं की, ये सौगात होगी,
नये लोग होंगे नयी बात होगी

मैं हर हाल में मुस्कराता रहूँगा,
तुम्हारी मोहब्बत अगर साथ होगी

चिराग़ों को आँखों में महफ़ूज़ रखना,
बड़ी दूर तक रात ही रात होगी

न तुम होश में हो, न हम होश में हैं,
चलो मैकदे में वहीं बात होगी

जहाँ    वादियों में    नये    फूल आयें,
हमारी-तुम्हारी    मुलाक़ात    होगी

सदाओं को    अल्फ़ाज़,    मिलने न पायें,
न    बादल    घिरेंगे,    न    बरसात होगी

मुसाफ़िर हैं हम भी मुसाफ़िर हो तुम भी,
किसी मोड़ पर    फिर    मुलाक़ात होगी

अज़ल[1] से अबद[2] तक सफ़र ही सफ़र है
कहीं    सुब्ह    होगी    कहीं    रात    होगी

1. अनादिकाल   2. अनन्तकाल

(82)

दुआ करो कि ये पौधा सदा हरा ही लगे
उदासियों में भी चेहरा खिला-खिला ही लगे

अजीब शख़्स है    नाराज़ हो के हँसता है
मैं चाहता हँ ख़फ़ा हो तो वो ख़फ़ा ही लगे

वो ज़ाफ़रानी[1]    पुलोवर    उसी का हिस्सा है
कोई जो    दूसरा    पहने तो    दूसरा ही लगे

नहीं है    मेरे    मुक़द्दर में    रोशनी न सही
ये खिड़की खोलो ज़रा सुबूह की हवा ही लगे

1. केसरिया

$$(83)$$

गुलों की तरह हमने ज़िन्दगी को इस क़दर जाना
किसी की ज़ुल्फ़ में इक रात सोना और बिखर जाना

अगर ऐसे   गये तो   ज़िन्दगी पर   हर्फ़ आयेगा
हवाओं से लिपटना, तितलियों को चूम कर जाना

धुनक के रख दिया था बादलों को जिन परिन्दों ने
उन्हें किसने सिखाया अपने साये से भी डर जाना

कहाँ तक ये दिया बीमार कमरे की फ़ज़ा बदले
कभी तुम एक मुट्ठी धूप इन ताक़ों में भर जाना

1. आलों

(84)

सर पे साया-सा दश्त-ए-दुआ याद है
अपने आँगन में इक पेड़ था, याद है

जिसमें अपनी परिन्दों से तश्बीह[1] थी
तुमको स्कूल की वो दुआ याद है

ऐसा लगता है हर इम्तिहाँ के लिए
ज़िन्दगी को हमारा पता याद है

मैकदे[2] में अज़ाँ सुन के रोया बहुत
इस शराबी को दिल से खुदा याद है

मैं पुरानी हवेली का परदा मुझे
कुछ कहा याद है, कुछ सुना याद है

1. उपमा   2. मदिरालय

( 85 )

राहों में    कौन आ गया    कुछ पता नहीं
उसको तलाश    करते रहे    जो मिला नहीं

बेआस    खिड़कियाँ हैं    सितारे उदास हैं
आँखों में आज नींद का    कोसों पता नहीं

मैं चुप    रहा तो और    ग़लतफ़हमियाँ बढ़ीं
वो भी सुना है उसने जो मैंने    कहा    नहीं

दिल में इसी तरह से है बचपन की एक याद
शायद अभी कली को हवा ने छुआ नहीं

चेहरे पे    आँसुओं ने    लिखी हैं    कहानियाँ
आईना    देखने का    मुझे    हौसला    नहीं

(86)

हमको  बेकार  लिये  फिरते हो  बाज़ारों में
हम न यूसुफ़[1] हैं  न  यूसुफ़ के  खरीदारों में

मुल्क तक़्सीम[2] हुए   दिल तो सलामत हैं अभी
खिड़कियाँ हमने  खुली  रक्खी हैं  दीवारों में

इक ज़बाँ जिस को ग़ज़ल कहिए वो मुजरिम ठहरी
शाहज़ादी को  चुना  जायेगा  दीवारों  में

इक हवेली  में  चहकते हुए  पंछी की तरह
तेरी आवाज़  अभी  क़ैद है  दरबारों  में

1. एक पैगम्बर जो अति सुन्दर थे   2. विभाजन   3. भाषा

धूप की आग में हँसने की अदा क्या जाने
जंगली फूल कहाँ आप के गुलज़ारों में

दिल में सौ ग़म हैं, तिरी याद है तनहा-तनहा
एक उजली-सी परी फिरती है बीमारों में

इज़्ज़त-ओ-दौलत-ओ-शोहरत[1] में हवा की मानिन्द
लाल, नीले, हरे, उड़ते हुए गुब्बारों में

1. प्रतिष्ठा और धन का यश

(87)

भीगी हुई आँखों का ये मंज़र न मिलेगा
घर छोड़ के मत जाओ कहीं घर न मिलेगा

फिर याद बहुत आयेगी ज़ुल्फ़ों की घनी शाम
जब धूप में साया कोई सर पर न मिलेगा

आँसू को कभी ओस का क़तरा न समझना
ऐसा तुम्हें चाहत का समन्दर न मिलेगा

इस ख़्वाब के माहौल में बेख़्वाब हैं आँखें
जब नींद बहुत आयेगी बिस्तर न मिलेगा

ये सोच लो अब आख़िरी साया है मोहब्बत
इस दर से उठोगे तो कोई दर न मिलेगा

( 88 )

आस होगी    न    आसरा होगा
आने वाले दिनों में क्या होगा


मैं तुझे भूल जाऊँगा इक दिन
वक़्त सब कुछ बदल चुका होगा


नाम हमने लिखा था आँखों में
आँसुओं ने   मिटा दिया   होगा


दम घुटा जा रहा है सीने में
कोई   बुझता हुआ   दिया होगा

आसमाँ भर गया परिन्दों से
पेड़ कोई हरा गिरा होगा

पतझड़ों की कहानियाँ पढ़ना
सारा मंज़र किताब-सा होगा

कितना दुश्वार था सफ़र उसका
वो सर-ए-शाम सो गया होगा

$$(89)$$

वो अपने घर चला गया अफ़सोस मत करो
इतना ही उसका साथ था अफ़सोस मत करो

इन्सान अपने आप में   मजबूर है   बहुत
कोई नहीं है   बेवफ़ा   अफ़सोस मत करो

इस बार तुमको आने में कुछ देर हो गयी
थक हार के वो सो गया अफ़सोस मत करो

दुनिया में और चाहने वाले भी हैं बहुत
जो होना था वो हो गया अफ़सोस मत करो

इस ज़िन्दगी के मुझपे कई कर्ज़ हैं मगर
मैं जल्द लौट आऊँगा अफ़सोस मत करो

ये देखो फिर से आ गईं फूलों पे तितलियाँ
इक रोज़ वो भी आयेगा अफ़सोस मत करो

वो तुमसे आज दूर है कल पास आयेगा
फिर से खुदा मिलायेगा अफ़सोस मत करो

बेकार जी पे बोझ लिये फिर रहे हो तुम
दिल है तुम्हारा फूल-सा अफ़सोस मत करो

(90)

उदासी के चेहरे  पढ़ा मत करो
ग़ज़ल आँसुओं से लिखा मत करो

बहरहाल  ये  आग ही आग हैं
चिराग़ों को ऐसे छुआ मत करो

दुआ, आँसुओं में खिला फूल है
किसी के लिए बद्दुआ मत करो

तुम्हें लोग  कहने  लगें बेवफ़ा
ज़माने से इतनी वफ़ा मत करो

खुदा के लिए  चाँदनी  रात में
अकेले-अकेले  फिरा  मत करो

(91)

इसीलिए तो यहाँ अब भी अजनबी हूँ मैं
तमाम लोग फ़रिश्ते हैं आदमी हूँ मैं

ज़ईफ़[1] बूढ़ी जो पुल पर उदास बैठी है
उसी की आँख में लिक्खा है ज़िन्दगी हूँ मैं

है पकी उम्रों की एक बेज़बान-सी लड़की
उसी का रिश्ता हूँ और वो भी आख़िरी हूँ मैं

तमाम रात चिराग़ों में मुस्कराती थी
वो अब नहीं है मगर उसकी रोशनी हूँ मैं

1. वृद्ध, अशक्त

कहीं मैं और था मग़रिब[1] की जो अज़ाँ न सुनी
इन आँसुओं में सहर की नमाज़ भी हूँ मैं

सितारे राह के हैं मीर-ओ-ग़ालिब-ओ-इक़बाल
क़लम हूँ बच्चे का, तख़्ती नयी-नयी हूँ मैं

अगर वो चाहें तो ज़िन्दा जला भी सकता हूँ
दुआ के हाथ,   हुकूमत की बेबसी हूँ मैं

1. पश्चिम

(92)

कोई लश्कर है कि बढ़ते हुए ग़म आते हैं
शाम के साये बहुत तेज़ कदम आते हैं

दिल वो दरवेश[1] है जो आँख उठाता ही नहीं
उसके दरवाज़े पे सौ अह्ल-ए-करम[2] आते हैं

मुझसे क्या बात लिखानी है कि अब मेरे लिए
कभी सोने, कभी चाँदी के क़लम आते हैं

मैंने दो-चार किताबें तो पढ़ी हैं  लेकिन
शहर के   तौर-तरीक़े   मुझे कम आते हैं

ख़ूबसूरत-सा   कोई हादसा आँखों में लिये
घर की दहलीज़ पे डरते हुए हम आते हैं

1. संन्यासी   2. कृपा करने वाले

( 93 )

आँधियों के  साथ  क्या  मंज़र सुहाने आये हैं
आज  मैदानों में  बाग़ों के  ख़ज़ाने आये हैं

अब मेरे  तलवों के नीचे की  ज़मीं आज़ाद है
आसमानों  से  मुझे  बादल  बुलाने  आये हैं

रेत से  दरिया अटे हैं  ख़ाक से  झीलें पटीं
ये  परिन्दे ख़ून  में  शायद  नहाने  आये हैं

ख़्वाब जिस दिल में रहा करते थे कब का मर चुका
किस का दरवाज़ा ये बच्चे खटखटाने आये हैं

इनमें रोशन हैं अभी तक  तेरे बोसों के चिराग़
इसलिए हम  अपनी आँखें  ख़ुद बिछाने आये हैं

आज हम सब एक बेहतर ज़िन्दगी की दौड़ में
कैसे-कैसे    ख़्वाब क़ब्रों में    सुलाने आये हैं

बारहा इस घर का बँटवारा हुआ और आज तक
अपने हिस्से में सदा दुख के ख़ज़ाने आये हैं

चार दुश्मन आ मिले हैं रात की छत के तले
मुद्दतों के बाद फिर अगले ज़माने आये हैं

(94)

सूरज   चन्दा   जैसी जोड़ी हम दोनों
दिन का राजा रात की रानी हम दोनों

जगमग–जगमग दुनिया का मेला झूठा
सच्चा सोना, सच्ची चाँदी हम दोनों

इक दूजे से   मिलकर   पूरे होते हैं
आधी–आधी एक कहानी हम दोनों

चारों ओर समन्दर बढ़ती चिन्ता का
लहर–लहर लहराती कश्ती हम दोनों

पर्बत–पर्बत, बादल–बादल, किरन–किरन
उजले पर वाले दो पंछी हम दोनों

मैं दहलीज़ का दीपक हूँ आ तेज़ हवा
रात    गुज़ारें अपनी-अपनी   हम   दोनों

घर-घर दुख-सुख का इक दीपक जले-बुझे
हर दीपक में तेल और बाती हम दोनों

दुनिया की ये    माया   कंकर पत्थर है
आँसू-शबनम,   हीरा-मोती हम   दोनों

( 95 )

तुम अभी शहर में क्या नये आये हो
रुक गये राह में हादसा देखकर

तुम जिन्हें फूल समझे हो, आँखें न हों
पाँव रखना ज़मीं पर ज़रा देखकर

फिर दिये रख गयीं तेरी परछाइयाँ
आज दरवाज़ा दिल का खुला देखकर

उसकी आँखों का सावन बरसने लगा
बादलों में परिन्दा घिरा देखकर

शाम गहरी हुई और घर दूर है
फूल सो जाएँगे रास्ता देखकर

फूल-सी उँगलियाँ कंघियाँ बन गयीं
उलझे बालों से माथा ढका देखकर

(96)

भूल शायद बहुत बड़ी कर ली
हमने दुनिया से दोस्ती कर ली

तुम मोहब्बत को खेल कहते हो
हमने बर्बाद ज़िन्दगी कर ली

सबकी नज़रें बचा के देख लिया
आँखों-आँखों में बात भी कर ली

आशिक़ी में बहुत ज़रूरी है
बेवफ़ाई, कभी-कभी कर ली

हम नहीं जानते चिराग़ों ने
क्यों अँधेरों से दोस्ती कर ली

धड़कनें, दफ़्न हो गई होंगी
दिल में दीवार क्यों खड़ी कर ली

(97)

मोम की ज़िन्दगी घुला करना
कुछ किसी से न तज़्किरा करना

मेरा बचपन था आईने जैसा
हर खिलौने का मुँह तका करना

एक लड़की थी खेल था उसका
गुड़िया-गुड्डों का सिलसिला करना

फूल शाखों के हों कि आँखों के
रास्ते-रास्ते चुना करना

ये रवायत बहुत पुरानी है
नींद में आग पर चला करना

रास्ते में कोई खण्डहर होगा
शहसवारो ! वहाँ रुका करना

1. परम्परा

(98)

खुदा हमको ऐसी खुदाई न दे
कि अपने सिवा कुछ दिखाई न दे

ख़तावार समझेगी दुनिया तुझे
अब इतनी ज़ियादा सफ़ाई न दे

हँसो आज इतना कि इस शोर में
सदा सिसकियों की सुनाई न दे

गुलामी की बरकत[1] समझने लगें
असीरों[2] को ऐसी रिहाई न दे

खुदा ऐसे एहसास का नाम है
रहे सामने और दिखाई न दे

1. सौभाग्य, कल्याण   2. बन्दियों

(99)

सर-ए-राह[1] कुछ भी कहा नहीं
कभी उसके घर में गया नहीं,
मैं जनम-जनम से उसी का हूँ
उसे आज तक ये पता नहीं

उसे पाक़ नज़रों से चूमना
भी इबादतों में शुमार है,
कोई फूल लाख क़रीब हो
कभी मैंने उसको छुआ नहीं

ये ख़ुदा की देन अजीब है
कि उसी का नाम नसीब है
जिसे तूने चाहा वो मिल गया
जिसे मैंने चाहा मिला नहीं

1. रास्तें में   2. आराधनाओं

इसी शहर में कई साल से
मिरे कुछ करीबी अजीज़[1] हैं
उन्हें मेरी कोई ख़बर नहीं
मुझे उनका कोई पता नहीं

1. प्रिय

( 100 )

अब दिलों के अलावा पढ़ना क्या
अपना काग़ज़ क़लम से रिश्ता क्या

आँसुओं से    मिरी    हथेली पर
कौन पढ़ता कि उसने लिक्खा क्या

इक महक जैसे रात की रानी
क्या बताऊँ कि मैंने सोचा क्या

जब भी देखो उसी तरफ़ नज़रें
चाँद भी है किसी का चेहरा क्या

पंखुड़ी-पंखुड़ी सलाम-ओ-पयाम[1]
फूल भी है कोई लिफ़ाफ़ा क्या

जो न आदाब-ए-दुश्मनी[2] जाने
दोस्ती का उसे सलीक़ा क्या

तुम मेरी ज़िन्दगी हो ये सच है
ज़िन्दगी का मगर भरोसा क्या

1. प्रणाम और संदेश  2. शत्रुता के शिष्टाचार

( 101 )

यहाँ सूरज हँसेंगे   आँसुओं को   कौन देखेगा
चमकती धूप होगी जुगनुओं को कौन देखेगा

फलों की  बाग़बानी में  तो बारिश की दुआ होगी
गुज़रते ख़ूबसूरत बादलों को  कौन  देखेगा

अगर हम साहिलों पर डोर-काँटे ले के बैठेंगे
तो मौजों में चमकती तितलियों को कौन देखेगा

बहुत अच्छा-सा कोई सूट पहनो तंगदस्ती[1] में
उजालों में छुपी इन बदलियों को कौन देखेगा

अभी अपने इशारों पर हमें चलना नहीं आया
सड़क की लाल-पीली बत्तियों को कौन देखेगा

1. कंगाली

(102)

इक सवारी    आयेगी    इक जायेगी
बारी-बारी    सबकी    बारी आयेगी

फूल    अगर    पैरों के    नीचे आयेंगे
आँखों की    बीनाई    कम हो    जायेगी

आहिस्ता चलने में अब दम घुटता है
ठहरूँगा तो साँस मिरी रुक जायेगी

पानी को गन्दा करने से क्या हासिल
तेरी भी    परछाईं    धुंधला    जायेगी

( 103 )

साथ चलते जा रहे हैं पास आ सकते नहीं
इक नदी के दो किनारों को मिला सकते नहीं

देने वाले ने दिया सब कुछ अजब अंदाज़ से
सामने दुनिया पड़ी है और उठा सकते नहीं

उसकी भी मजबूरियाँ हैं, मेरी भी मजबूरियाँ
रोज़ मिलते हैं मगर घर में बता सकते नहीं

किसने किसका नाम ईंटों पर लिखा है ख़ून से
इश्तिहारों से    ये दीवारें    छुपा सकते नहीं

राज़ जब सीने से बाहर हो गया अपना कहाँ
रेत पर बिखरे हुए आँसू उठा सकते नहीं

आदमी क्या है   गुज़रते वक़्त की तस्वीर है
जाने वाले को सदा देकर बुला सकते नहीं

शहर में   रहते हुए   हमको ज़माना हो गया
कौन रहता है कहाँ कुछ भी बता सकते नहीं

उसकी यादों से महकने लगता है सारा बदन
प्यार की खुशबू को सीने में छुपा सकते नहीं

पत्थरों के बर्तनों में आँसुओं को क्या रखें
फूल को लफ़्ज़ों[1] के गमलों में खिला सकते नहीं

1. शब्दों

(104)

ख़्वाब की बादियों से निकलता हुआ
चाँद सो कर उठा आँख मलता हुआ

हाथ पर धूप की पत्तियाँ रख गया
कोई फूलों की चादर बदलता हुआ

शीशमहलों के शीशों से टकरा गया
पत्थरों से उतरता सँभलता हुआ

शाम तक होगा सूरज हमारी तरह
कोई सूखा हुआ पेड़ जलता हुआ

एक आहट-सी नज़दीक आती हुई
लॉन में शाम का फूल खिलता हुआ

मैं भी आ ही गया तेरे बाज़ार तक
रोज़ चेहरे पे चेहरा बदलता हुआ

( 105 )

दिल की दहलीज़ पे यादों के दिये रक्खे हैं
आज तक हमने ये दरवाज़े खुले रक्खे हैं

इस कहानी के वो किरदार[1] कहाँ से लाऊँ
वही दरिया है वही कच्चे घड़े रक्खे हैं

हम पे जो गुज़री बताया न बताएँगे कभी
कितने ख़त अब भी तिरे लिक्खे हुए रक्खे हैं

आपके पास ख़रीदारी की कुव्वत है अगर
आज सब लोग दुकानों में सजे रक्खे हैं

1. पात्र, चरित्र

( 106 )

वो इन्तज़ार की चौखट पे सो गया होगा
किसी से वक़्त तो पूछें कि क्या बजा होगा

मैं हँस रहा हूँ लतीफ़ों की शे'री महफ़िल में
वो मेरी आँखों से इस वक़्त रो रहा होगा

ये पत्थरों की तरह क्यों उदास रहता है
मुझे यक़ीन है दिल इसका आईना होगा

मैं इस ख़याल से उसके करीब आया था
कि दूसरों की तरह वो भी बेवफ़ा होगा

( 107 )

मैं कब तनहा हुआ था,  याद होगा
तुम्हारा  फ़ैसला  था,  याद  होगा

बहुत  से उजले-उजले फूल  लेकर
कोई तुमसे मिला था, याद होगा

बिछी थीं हर तरफ़ आँखें ही आँखें
कोई आँसू गिरा था, याद होगा

उदासी   और   बढ़ती जा रही थी
वो चेहरा बुझ रहा था, याद होगा

वो ख़त पागल हवा के आँचलों पर
किसे तुमने लिखा था, याद होगा

( 108 )

मैं तुमको भूल भी सकता हूँ इस जहाँ के लिए
ज़रा-सा   झूठ   ज़रूरी है दास्ताँ के लिए

मिरे लबों पे कोई बूँद टपकी आँसू की
ये क़तरा काफ़ी था जलते हुए मकाँ के लिए

मैं क्या दिखाऊँ   मिरे   तार-तार दामन में
न कुछ यहाँ के लिए है न कुछ वहाँ के लिए

ग़ज़ल भी   इस तरह   उसके हुज़ूर[1] लाया हूँ
कि जैसे बच्चा कोई आये इम्तिहाँ के लिए

1. साक्षात्, समक्ष

( 109 )

बेख़बर कुर्सियाँ आँख मलती रहीं
बस्तियाँ बेगुनाहों की जलती रहीं

आदमीयत, मोहब्बत, शराफ़त, वफ़ा
नागिनें आस्तीनों में पलती रहीं

दो बदन जितने नज़दीक होते गये
कुर्बतें[1] फ़ासलों में बदलती रहीं

जब मिरी ज़िन्दगी में अँधेरा हुआ
मेरे चारों तरफ़ शम्एँ जलती रहीं

ज़ह्र पानी बना मछलियों के लिए
पंछियों को हवाएँ मसलती रहीं

ज़िन्दगी तेरी नाज़ुक बदन लड़कियाँ
आग की शाहराहों पे चलती रहीं

1. समीपताएँ

(110)

ग़ज़लों का हुनर अपनी आँखों को सिखाएँगे
रोयेंगे बहुत लेकिन आँसू नहीं आएँगे

कह देना समन्दर से हम ओस के मोती हैं
दरिया की तरह तुझसे मिलने नहीं आएँगे

वो धूप के छप्पर हों या छाँव की दीवारें
अब जो भी उठाएँगे मिल-जुल के उठाएँगे

जब साथ न दे कोई आवाज़ हमें देना
हम फूल सही लेकिन पत्थर भी उठाएँगे

( 111 )

तेरा हाथ     मिरे काँधे पर     दरिया बहता जाता है
कितनी ख़ामोशी से दुख का मौसम गुज़रा जाता है

नीम पे अटके चाँद की पलकें शबनम से भर जाती हैं
सूने घर में रात गये     जब कोई आता-जाता है

पहले ईंटें, फिर दरवाज़े अबके छत की बारी है
याद-नगर में एक महल था वो भी गिरता जाता है

राख हुईं इन आँखों की शम्एँ, आँसू भी बेनूर हुए
धीरे-धीरे मेरा     दिल     पत्थर-सा     होता जाता है

अपना दिल है एक परिन्दा जिसके बाज़ू टूटे हैं
हसरत से बादल को देखे, बादल उड़ता जाता है

सारी रात बरसने वाली बारिश का मैं आँचल हूँ
दिन में काँटों पर फैलाकर मुझको सुखाया जाता है

हमने तो बाज़ार में दुनिया बेची और खरीदी है
हमको क्या मालूम किसी को कैसे चाहा जाता है

(112)

तुमने भी कमनसीब पे कुछ कम निगाह की
उसने तो  खैर  ज़िन्दगी अपनी तबाह की

हम  दोनों  दुनियादार  नहीं हैं  इसीलिए
सूरत  कोई  नज़र नहीं  आती निबाह की

हालात  बेवफ़ाई  पे  मजबूर  कर  गये
वरना उसे  भी चाह  बहुत थी निबाह की

अपने को  रश्क-ए-मीर[1]  समझते हैं बद्र जी
गुमराह  कर गयी है  सदा  वाह-वाह की

1. उर्दू के महाकवि मीर को लज्जित करने वाला

$$(113)$$

हम बिखरते हैं तीरगी[1] की तरह
दर्द बढ़ता है    रोशनी    की तरह

हम खुदा   बनके   आएँगे वरना
हमसे मिल जाओ आदमी की तरह

बर्फ़   सीने की   जैसे-जैसे गली
आँख खुलती गयी कली की तरह

1. अँधियारा

ग़ज़लों ने वहीं जुल्फ़ों के फैला दिये साये
जिन राहों पे देखा  कि बहुत धूप कड़ी है

(114)

शायद  मिरे आँसू से  उसका कोई रिश्ता है
तपते हुए सहरा[1] में  जो  फूल  अकेला है

झुँझला के किसी लम्हा वो तोड़ भी सकता है
इक बच्चे की उँगली से लिपटी रग-ए-दुनिया[2] है

सन्नाटे की शाखों पर कुछ ज़ख़्मी परिन्दे हैं
ख़ामोशी बज़ात-ए-ख़ुद[3]  आवाज़ का सहरा है

हो सकता है कल सूरज सोता ही मुझे पाये
इक साँप  मिरे दिल में  सिमटा हुआ बैठा है

1. जंगल, रेगिस्तान   2. संसार की शिरा   3. अपने अस्तित्व में

कब जाने हवा उसको बिखरा दे फ़ज़ाओं में
ख़ामोश दरख़्तों पर सहमा हुआ नग़मा है

अब रोये कहाँ सावन, अब तड़पे कहाँ बादल
आँगन न बगीचा है एक छोटा-सा कमरा है

जैसे वरक़-ए-गुल[1] पर अंगारा कोई रखदे
यूँ दस्त-ए-हिनाई[2] पर आँसू अभी टपका है

1. फूल की पंखुड़ी  2. मेहँदी रचा हाथ

(115)

अपना चाँद मैं ढूँढ़ रहा हूँ तेरे चाँद सितारों में
शायद सच्चा मोती भी हो शीशे के इन पारों[1] में

शाख पे जितने फूल हैं अक्सर पैगम्बर से लगते हैं
लेकिन मैं तो उसकी मानूँ जो हँस दे अंगारों में

लफ़्ज़ सियासी का पर्दा हैं ग़ौर से देखो पसमंज़र[2]
फूल-से चेहरे छुपे हुए हैं काग़ज़ के अम्बारों में

कमरे वीराँ, आँखें ख़ाली फिर ये कैसी आवाजें
शायद मेरे दिल की धड़कन चुनी है इन दीवारों में

---

1. टुकड़ों   2. पृष्ठभूमि

तक़दीरों का जादू अक्सर झूठ से मिलता-जुलता है
इसीलिए तो बात कही है हमने सिर्फ़ इशारों में

तेरा जिस्म[1] अश्आर[2] के आईने में ऐसा लगता है
चाँद को जैसे कैद किया हो शीशे की दीवारों में

तहज़ीबों का सूरज जब छुप जाता है तो चुपके-से
उल्फ़त दिये जला जाती है दिल के गहरे ग़ारों[3] में

छोटी-सी थैली को दिखाकर इक सौदागर ने ये कहा
सदहा[4] शायर मिल जाएँगें इतने कम दीनारों में

1. तन  2. शे'र का बहुवचन  3. गुफाओं  4. सैकड़ों

(116)

क़दम से आगे-आगे चल रही है
मुसाफ़िर को गली पहचानती है

तिरे बीमार का अब-तब लगा है
ये हालात गुफ़्तनी कम, दीदनी[2] है

न जाने किस तरफ़ से आ रही हैं
हवाओं में बड़ी अफ़सुर्दगी[3] है

ये कोई बात कहना चाहते हैं
सितारों के लबों पर कँपकपी है

---

1. कहने योग्य   2. देखने योग्य   3. उदासी

अभी कुछ ज़िन्दगी का आसरा है
चिराग़ों में अभी कुछ रोशनी है

सहर के काफ़िले ये जानते हैं
अभी इक रात की मंज़िल पड़ी है

(117)

आज दरिया चढ़ा-चढ़ा-सा है
कोई हमसे ख़फ़ा-ख़फ़ा-सा है

जिस्म जैसे भरा-भरा सागर
गुफ़्तगू में नशा-नशा-सा है

नाक-नक्शा बस आप ही जैसा
नाम भी कुछ भला-भला-सा है

शहर यादों का इक बसाया था
अब निशाँ भी मिटा-मिटा-सा है

दिल से इक रोशनी जहाँ में थी
ये दिया भी बुझा-बुझा-सा है

बाग़ है एक, फूल लाखों हैं
रंग सबका जुदा-जुदा-सा है

शबनमी आग भी जलाती है
फूल का दिल जला-जला-सा है

किस को फ़ुरसत कि इक नज़र देखे
बद्र तनहा बुझा-बुझा-सा है

(118)

कहीं चाँद राहों में खो गया
कहीं चाँदनी भी भटक गयी
मैं चिराग़ वो भी बुझा हुआ
मिरी रात कैसे चमक गयी

मिरी दास्ताँ का उरूज[1] था
तिरी नर्म पलकों की छाँव में
मिरे साथ था तुझे जागना
तिरी आँख कैसे झपक गयी

1. उत्कर्ष

भला हम मिले भी तो क्या मिले
वही    दूरियाँ   वही  फ़ासले
न कभी   हमारे   क़दम   बढ़े
न कभी तुम्हारी  झिझक   गयी

तिरे हाथ से   मेरे   होंठ तक
वही   इन्तज़ार की प्यास   है
मिरे नाम की   जो शराब   थी
कहीं रास्ते   में छलक    गयी

तुझे  भूल   जाने की   कोशिशें
कभी   कामयाब   न हो सकीं
तिरी याद  शाख-ए-गुलाब[1]  है
जो हवा चली तो   लचक गयी

(119)

मिरी    ज़िन्दगी भी    मिरी नहीं
ये    हज़ार ख़ानों में    बँट गयी
मुझे    एक    मुट्ठी    ज़मीन दे
ये ज़मीन कितनी    सिमट गयी

तिरी    याद आये    तो चुप रहूँ
ज़रा    चुप रहूँ तो    ग़ज़ल कहूँ
ये अजीब आग की    बेल    थी
मिरे    तन-बदन से    लिपट गयी

मुझे लिखने वाला लिखे भी क्या
मुझे पढ़ने वाला पढ़े भी क्या
जहाँ मेरा नाम लिखा गया
वहीं रोशनाई उलट गयी

न कोई खुशी न मलाल है
कि सभी का एक-सा हाल है
तिरे सुख के दिन भी गुज़र गये
मिरी ग़म की रात भी कट गयी

मिरी बन्द पलकों पे टूटकर
कोई फूल रात बिखर गया
मुझे सिसकियों ने जगा दिया
मिरी कच्ची नींद उचट गयी

$$(120)$$

इल्ज़ाम[1]    बेवफ़ाई के  उनको  दे  रहा हूँ
शक हो रहा है मुझको मैं ख़ुद ही बेवफ़ा हूँ

हर जिस्म-ए-गुलफ़रोशाँ[2] अब मरकज़-ए-नज़र[3] में
तुमसे बिछड़ के कितना आवारा हो गया हूँ

इस शाम-ए-बेकसी[4] में दिल की ख़बर नहीं है
कब से कहाँ-कहाँ मैं   आवाज़ दे रहा हूँ

बीते हुए   दिनों के   ग़म याद आ गये हैं
उनको गले   लगाकर   मैं आज   रो पड़ा हूँ

इस लम्हा-ए-ख़ुशी[5] में अफ़साना-ए-शब-ए-ग़म[6]
कुछ तुम भी भूलते हो, कुछ मैं भी भूलता हूँ

---

1. आरोप  2. फूल का तन बेचने वाले  3. दृष्टि का केन्द्र  4. कष्टों की संध्या
5. आनन्द का क्षण  6. पीड़ा की रात्रि की कथा